This Book Belongs
To:

Thank you!

We hope you enjoyed your purchase.
If so, please take a moment to leave it as a REVIEW, it would really help us a lot to improve the work. We don´t exist without you!

THANKS FOR YOUR AMAZING SUPPORT!

If you have any problems, or queries with your book please email us at:

@ info.ariluck@gmail.com

Joy AriLuck

Joy AriLuck

Joy AriLuck

Joy AriLuck

Joy AriLuck

Joy AriLuck

Joy AriLuck

Joy AriLuck

Joy AriLuck

Joy AriLuck

Joy AriLuck

Joy AriLuck

Joy AriLuck

Merry Christmas
December
25

Joy AriLuck

Joy AriLuck

Joy AriLuck

Joy AriLuck

Joy AriLuck

Joy AriLuck

Joy AriLuck

Joy AriLuck

Joy AriLuck

Joy AriLuck

merry
&
bright

Joy AriLuck

Joy AriLuck

Joy AriLuck

Joy AriLuck

Joy AriLuck

Joy AriLuck

Joy AriLuck

Joy AriLuck

Joy AriLuck

Joy AriLuck

Joy AriLuck

MERRY CHRISTMAS!

Joy AriLuck

Joy AriLuck

Joy AriLuck

Joy AriLuck

Joy AriLuck

Joy AriLuck

Joy AriLuck

Joy AriLuck

Joy AriLuck

Joy AriLuck

Joy AriLuck

Joy AriLuck

Joy AriLuck

Joy AriLuck

Joy AriLuck

Joy AriLuck

Made in United States
Troutdale, OR
11/04/2023

14278008R00058